BEN ARRIOLA

Día 1: Impacta y Sorprende

Las 5 Tácticas Ganadoras para Profesionales y Líderes que comienzan un Nuevo Trabajo

First published by WORKULTUR 2024

Copyright © 2024 by Ben Arriola

All rights reserved. No part of this publication may be reproduced, stored or transmitted in any form or by any means, electronic, mechanical, photocopying, recording, scanning, or otherwise without written permission from the publisher. It is illegal to copy this book, post it to a website, or distribute it by any other means without permission.

First edition

This book was professionally typeset on Reedsy. Find out more at reedsy.com

Contents

RECONOCIMIENTOS	v
INTRODUCCIÓN: DÍA 1	vii
1 COMPRENDER EL DESAFÍO	1
Entender la "Presión del Día 1"	1
El Problema de "Demasiados Libros de Productividad"	4
Replantear el Desafío como una Oportunidad	6
Aprendizajes Claves	8
2 LAS 5 TÁCTICAS PARA TENER ÉXITO	10
Táctica 1: Mapear la Organización	11
Táctica 2: Diseñar tu Misión	15
Táctica 3: Dominar el Tiempo	19
Táctica 4: Realizar Rondines (Entrar en la Pista de Baile)	23
Táctica 5: Reportar a tu Líder	28
Aprendizajes Claves	33
3 EJECUTAR (PONER LAS TÁCTICAS A TRABAJAR)	34
Comenzando con Pequeñas Victorias	34
Equilibrar la Acción y la Observación: Un comienzo Inteligente	38
Adaptarse a medida que se Desarrolla el Primer Día: Poner en Práctica las Cinco Tácticas	41
Aprendizajes Claves	44
4 EVALUAR LOS RESULTADOS	46

Reflexionar sobre el Rendimiento del Día 1: Aprender y Crecer 46
Reconocer las Victorias Tempranas 49
Planificar para el Día 2 y más allá: Construyendo sobre los Cimientos 54
Aprendizajes Claves 57
5 CONCLUSIÓN: ¡SIGUE ADELANTE! 59
6 RECURSOS 64

RECONOCIMIENTOS

Este libro no es sólo la culminación de mis propios pensamientos y experiencias, es un reflejo de los increíbles líderes y profesionales que me han inspirado en el camino. Cada año tengo el privilegio de trabajar con más de 1,000 profesionales que me dan la bienvenida a su historia laboral, lo que me permite compartir herramientas y prácticas de liderazgo que, juntos, moldeamos en ideas prácticas. A cada uno de ustedes, gracias por confiar en mí, desafiarme y recordarme que la vida es una experiencia compartida de crecimiento y aprendizaje.

También estoy profundamente agradecido con la Escuela de Negocios Stephen M. Ross y la Escuela de Negocios EGADE. Estas instituciones han sido lugares de aprendizaje y comunidades que continuamente impulsan el desarrollo de habilidades de jóvenes profesionales y experimentados ejecutivos. A mis amigos, colegas y mentores en estas instituciones: gracias por su dedicación a seguir formando generaciones de extraordinarios profesionales. Su pasión y compromiso con la excelencia han sido una fuente constante de inspiración.

Finalmente, para todos los que leen este libro: su curiosidad y empuje para crecer como profesionales y líderes es lo que hace que este trabajo tenga sentido. El viaje del trabajo no es uno que emprendamos solos. Se enriquece y cobra sentido con las personas que caminan a nuestro lado, nos desafían y nos animan a seguir adelante. ¡Gracias por permitirme ser una pequeña parte de tu historia!

INTRODUCCIÓN: DÍA 1

"La vida es una aventura atrevida o no es nada en absoluto. La primera vez que entras en algo nuevo, te sientes vivo, y en eso encuentras crecimiento". — **Helen Keller**

No importa cuántos años hayas estado en el juego, hay algo excepcionalmente emocionante en comenzar un nuevo trabajo. No importa si estás asumiendo tu primer rol, subiendo la escalera hacia un gran ascenso o haciendo un movimiento lateral audaz. ¿Esa mezcla de emoción y nervios? Es universal. Es el punto óptimo donde la anticipación se encuentra con la ansiedad, donde la duda susurra en un oído mientras que la posibilidad grita en el otro. Y seamos claros, es un viaje, no un destino.

Esta es la cuestión: el primer día no es sólo el comienzo de un nuevo capítulo, es tu oportunidad de marcar la pauta, sentar las bases y crear un poco de magia. Es un lienzo en blanco y tú decides qué tipo de obra maestra vas a pintar. Pero no lo idealicemos. Incluso los profesionales más experimentados pueden sentirse un poco abrumados al caminar hacia lo desconocido. No se trata de tu currículum o tu historial. En ese primer día, todos, desde los pasantes hasta los altos ejecutivos, comienzan desde cero de alguna manera.

Déjame describirte una escena. Imagina que acabas de conseguir el ascenso de tus sueños. Te lo has ganado. Has luchado por ello. Y ahora, aquí estás, entrando en una oficina nueva (o iniciando sesión en una nueva sesión de Zoom) con un nuevo conjunto de responsabilidades y expectativas. Claro, tal vez ya conoces la empresa, la industria y los jugadores. ¿Pero este rol? Este es un territorio inexplorado. Las reglas han cambiado. Lo que está en juego es más importante. ¿Y los reflectores? Está directamente sobre ti.

Es tentador pensar que el éxito en el primer día se trata de deslumbrar a todos con tu brillantez. Alerta de spoiler: no lo es. Aquí está la buena noticia: tener éxito en tu primer día es más simple de lo que crees. No se trata de hacerlo todo, se trata de hacer las cosas correctas. El primer día no se trata de resolver todos los problemas o demostrar que eres la persona más inteligente de la sala. Se trata de sentar las bases para todo lo que sigue. Piense en ello como plantar las semillas que se convertirán en una carrera próspera en este nuevo rol.

Este libro es tu plan para hacer que esas primeras horas cuenten. No estamos aquí para hablar conceptos vagos o consejos cliché como "vístete para impresionar" o "sé tú mismo". En su lugar, nos sumergiremos en cinco prácticas probadas en batalla que te ayudarán a destacar, conectarte con tu equipo y triunfar en tu primer día (y todos los días siguientes). No se trata sólo de estrategias, sino de hábitos que puedes llevar a cada nueva oportunidad, puesto o reto al que te enfrentes.

Exploraremos los 5 trucos simples para crear un impulso que dure mucho después de que se desvanezca la emoción inicial.

Este es el asunto: el primer día no se trata de ser perfecto. Se trata de ser intencional. Se trata de entender que cada pequeña acción que realizas envía un mensaje: a tus colegas, a tu jefe y, lo que es más importante, a ti mismo. ¿Estás listo para enviar el correcto?

Seamos realistas: el primer día puede sentirse como caminar por la cuerda floja. Pero con la mentalidad correcta y un plan claro, no te conformarás simplemente con caminar. Lo poseerás y te prepararás para ganar, no sólo el primer día, sino todos los días posteriores.

Así que, respira hondo. La parte difícil (conseguir el trabajo) ha terminado. Ahora, es el momento de disfrutar la parte divertida. ¡IMPACTA Y SORPRENDE!

1

COMPRENDER EL DESAFÍO

"Lo que está detrás de nosotros y lo que está delante de nosotros son asuntos pequeños comparados con lo que está dentro de nosotros. Dar el primer paso desata el valor que a menudo no sabemos que tenemos, y ahí es donde comienza la grandeza". — **Ralph Waldo Emerson**

Entender la "Presión del Día 1"

El primer día en un nuevo puesto es una experiencia única, que aporta tanto emoción como presión. Para aprovecharlo al máximo, es importante reconocer y comprender la dinámica en juego. Cuando comienzas un nuevo trabajo, estás entrando en un entorno donde las expectativas, tanto internas como externas, pueden dar forma a tu experiencia y tu desempeño. Ser consciente de estas presiones y saber cómo navegarlas puede marcar la pauta para el éxito a largo plazo.

Primero, considera las expectativas que te rodean. Los jefes quieren ver evidencia de que puedes contribuir significativamente a la organización. No esperan milagros el primer día, pero están atentos a las señales de tu potencial para adaptarte, aprender y obtener resultados. Tus compañeros, por otro lado, sienten curiosidad por saber cómo encajarás en la dinámica del equipo. ¿Serás un colaborador, un competidor o algo completamente diferente? Sus primeras impresiones influirán en la forma en que interactúen contigo en el futuro. Y luego está tu propia energía interna. Quieres causar una fuerte impresión, demostrar que perteneces y establecer un estándar para tu rendimiento futuro. Equilibrar estas expectativas puede resultar abrumador, pero también es una oportunidad para demostrar tu capacidad para manejar la presión con maestría.

Comprender la "Presión del Día 1" requiere reconocer cómo se manifiesta. Para muchos, es la necesidad de sobreactuar, de decir lo correcto, impresionar a todas las personas de la sala y absorber cada detalle de su nuevo entorno. Esto puede llevar a pensar demasiado, donde cada decisión se siente más pesada de lo que realmente es. La avalancha de nueva información (nombres, procesos, expectativas) puede crear una sensación de parálisis, lo que dificulta actuar con confianza. Es importante recordar que nadie espera que domines todo de inmediato. La meta no es la perfección, sino el progreso.

Uno de los desafíos de esta presión es la tentación de apoyarte fuertemente en tus experiencias pasadas. Si bien tus conocimientos previos son indudablemente valiosos, asumir que lo que funcionó antes funcionará en este nuevo contexto puede llevar a pasos en falso. Cada organización tiene su propia cultura, valores y ritmos. Abordar tu primer día con humildad y voluntad de adaptación demuestra que respetas la singularidad de tu nuevo rol y entorno. Esta adaptabilidad te servirá mucho más que confiar únicamente en lo que ya sabes.

Emocionalmente, la presión del primer día puede desencadenar nervios y estrés, lo que puede nublar tu capacidad para concentrarte y participar de manera efectiva. Tomarte un momento para concentrarte antes de entrar a la oficina o unirte a tu primera reunión puede marcar una gran diferencia. Mantén el enfoque con un simple recordatorio: no se espera que resuelvas todos los problemas o demuestres todas las habilidades el primer día. En su lugar, prioriza la construcción de una base. Al permanecer presente y atento, puede absorber la información de manera más efectiva y hacer contribuciones significativas cuando sea el momento adecuado.

Lo que hace que el primer día sea realmente poderoso es la oportunidad que presenta. Esta es tu oportunidad de establecer el tono de cómo quieres que te perciban y de empezar a construir relaciones que apoyen tu éxito. Cada interacción que tienes (un saludo amistoso, una pregunta reflexiva, una muestra de interés genuino) da forma a cómo te ven los demás. Estos momentos de conexión son la base de la confianza y la colaboración. Al demostrar que eres accesible, comprometido y con ganas de contribuir, creas una impresión positiva que se extenderá a lo largo de tu tiempo en el puesto.

En última instancia, comprender la "presión del día 1" no se trata de dejar que te defina, sino de aprender a canalizarla. La presión puede agudizar tu concentración y tu impulso, o puede abrumarte. La elección es tuya. Trata tu primer día como una oportunidad única para preparar el escenario para el éxito futuro, sabiendo que las impresiones que crees y los hábitos que establezcas darán forma a tu trayectoria. Con intencionalidad y autoconciencia, puedes convertir el desafío del primer día en un poderoso catalizador para el crecimiento y el logro.

El Problema de "Demasiados Libros de Productividad"

Hoy en día, estamos rodeados de consejos sobre cómo ser más productivos. Hay libros, blogs, podcasts y videos, todos repletos de consejos y trucos que prometen ayudarte a hacer más. Si bien algunos de estos consejos son útiles, tener demasiada información a veces puede hacer más daño que bien. Es lo que yo llamo el problema de "Demasiados libros de productividad". Cuando tienes demasiadas opciones, es difícil saber por dónde empezar o qué es lo que realmente funciona.

Aquí está el problema: muchos consejos de productividad suenan muy bien, pero no son prácticos para tu primer día de trabajo. Por ejemplo, algunos expertos sugieren crear una rutina matutina que incluya meditación, escribir un diario, hacer ejercicio y leer citas inspiradoras, todo antes de las 7 a.m. Si bien eso podría funcionar en un mundo ideal, en tu primer día, probablemente estés más enfocado en llegar al trabajo a tiempo y recordar el nombre de todos. Otra sugerencia común es utilizar sistemas de tareas detallados, como matrices de prioridades, para clasificar cada una de las tareas. Eso podría ser útil más adelante, pero el primer día, ni siquiera sabes cuáles son todas las tareas todavía.

Cuando te ocurren tantas ideas, es fácil pensar demasiado en todo. ¿Deberías centrarte en bloquear el tiempo en tu calendario? ¿Debería abordar las tareas rápidas de inmediato utilizando la "regla de los dos minutos"? Estas estrategias pueden resultar abrumadoras cuando estás tratando de encontrar tu equilibrio en un nuevo rol. En lugar de ayudarte, todos estos consejos pueden hacer que te cuestiones a ti mismo o sientas que estás haciendo algo mal.

La mejor manera de evitar esta sobrecarga es mantener las cosas simples y concentrarse en lo que más importa. Tómate un momento para pensar en tus fortalezas y en cómo te gusta trabajar. ¿Eres de los que disfruta conectando con la gente? Luego concéntrate en presentarte a tus compañeros de trabajo. ¿Eres alguien que se nutre de la estructura? Pasa tu primer día aprendiendo el flujo de trabajo y los procesos clave de tu nuevo rol. La clave es comenzar con pasos pequeños y factibles que se alineen con quién eres y lo que necesitas.

La simplicidad es tu amiga aquí. No es necesario que sigas todos los consejos ni que pruebes todas las herramientas. Para el primer día, elige uno o dos objetivos, como escuchar atentamente durante las reuniones y hacer buenas preguntas. Estas pequeñas acciones pueden ayudarte a causar una impresión positiva sin abrumarte. Recuerda, no se trata de hacer todo a la perfección, se trata de tomar decisiones reflexivas que te ayuden a asentarte y generar impulso.

Al final, la mejor manera de manejar el problema de "Demasiados libros de productividad" es concentrarse en lo que es útil para ti en este momento. El éxito no proviene de conocer todas las estrategias, proviene de tomar algunas acciones significativas y construir a partir de ahí. Si te mantienes fiel a ti mismo, mantienes las cosas simples y te enfocas en lo más importante, te prepararás para un buen comienzo y un viaje exitoso por delante.

Replantear el Desafío como una Oportunidad

Comenzar un nuevo rol no es sólo un desafío, también es una oportunidad de oro para sentar las bases para el éxito futuro. La forma en que abordas tu primer día puede tener un impacto duradero en cómo te perciben los demás y en cómo te percibes a ti mismo. En lugar de ver el primer día como un obstáculo intimidante, considéralo una oportunidad para posicionarte estratégicamente para el logro a largo plazo.

Para empezar, cambia tu mentalidad. Ve el primer día como un lienzo en blanco, una oportunidad para definir cómo quieres ser conocido en este nuevo entorno. Todo lo que haces, desde la forma en que te presentas hasta cómo entablas conversaciones, puede marcar la pauta de tu reputación. ¿Eres alguien accesible y con ganas de aprender? ¿Eres atento y confiable? Estas primeras impresiones son importantes, y el primer día es tu oportunidad de empezar a darles forma.

Tu mentalidad tiene una gran influencia en cómo se desarrolla tu día. Si abordas tu primer día con curiosidad y ganas de aprender, te sentirás más a gusto y abierto a la experiencia. Por otro lado, si dejas que las dudas se apoderen de ti mismo o te centras demasiado en probarte a ti mismo, perderás la oportunidad de conectarte con tus colegas y comprender la cultura de tu nuevo lugar de trabajo. Adoptar una mentalidad de crecimiento, la creencia de que cada desafío es una oportunidad para aprender, puede ayudarte a mantener la calma, la confianza y la adaptabilidad.

La preparación también es una parte clave para replantear el desafío como una oportunidad. Si bien no puedes prepararte para todo, puedes prepararte para el éxito con algunas acciones intencionales. Primero, haz tu tarea. Revisa la misión, los valores y las noticias recientes de la empresa para que tengas una buena idea del panorama general. Esto demuestra que estás comprometido e interesado. A continuación, piensa en cómo quieres presentarte. Diseña una forma breve y segura de presentarte a los demás, ya sea en reuniones, durante el almuerzo o durante conversaciones informales. Una simple introducción que haga que tu nombre sea memorable, como explicar su significado o contar una historia rápida sobre él, puede ser de gran ayuda para iniciar conexiones.

También es útil establecer algunas metas realistas para el día. Estos podrían incluir aprender los nombres de los colegas clave, comprender el flujo de trabajo general o identificar dónde enfocar tus esfuerzos iniciales. Ser intencional sobre lo que quieres lograr, sin abrumarte, puede mantenerte con los pies en la tierra y darle a tu primer día un sentido de propósito. No se trata de marcar todas las casillas, se trata de construir una base para lo que viene después.

No olvides el poder de las pequeñas acciones. Una sonrisa, un apretón de manos amistoso y mostrar un interés genuino en los demás pueden marcar una gran diferencia en cómo te perciben. Las personas recuerdan cómo las haces sentir y estas interacciones tempranas pueden ayudar a establecer confianza y una muy buena relación. Escucha más de lo que hablas, haz preguntas reflexivas y toma notas para demostrar que estás interesado.

Por último, date permiso para adaptarte y crecer. No es necesario que tengas todas las respuestas el primer día y está bien pedir aclaraciones o admitir cuando no sabes algo. Demostrar la voluntad de aprender es mucho más valioso que pretender saberlo todo. Recuerda, el primer día es solo el comienzo de tu viaje en este nuevo rol. Al replantear el desafío como una oportunidad, te preparas para abordarlo con positividad y propósito, sentando las bases para el éxito futuro.

Aprendizajes Claves

- **Gestiona la presión del día 1:** Concéntrate en el progreso, no en la perfección, y equilibra las expectativas sin abrumarte.
- **Adáptate y manténte humilde:** Adopta la nueva cultura y evite confiar demasiado en las experiencias pasadas.
- **Mantenlo simple**: Comienza con acciones pequeñas y significativas como escuchar y hacer preguntas.
- **Replantea el reto como una oportunidad:** Trata los

desafíos como oportunidades para construir relaciones y definir tu personalidad profesional.
- **Prepárarte con un propósito:** Investiga la organización, establece metas realistas y causa primeras impresiones intencionales y positivas.

2

LAS 5 TÁCTICAS PARA TENER ÉXITO

"*Hagas lo que hagas, hazlo con todas tus fuerzas. Los esfuerzos a medias producen resultados a medias, pero el enfoque y la ejecución te llevarán a tus objetivos*". — **Eclesiastés 9:10**

Comenzar un nuevo trabajo puede sentirse un poco como subir a un escenario por primera vez. Sabes que el guión aún no está escrito y estás listo para dar lo mejor de ti. Pero, ¿cómo te aseguras de que estás preparado para el éxito? La clave es combinar la observación, la construcción de relaciones y la curiosidad para crear una base sólida. Vamos a desglosarlo en cinco tácticas prácticas que te ayudarán a tener éxito.

Táctica 1: Mapear la Organización

Comprender la dinámica interna

Cada lugar de trabajo tiene su propio ritmo y dinámica detrás de escena. Para tener éxito, debes comprender el "quién es quién" y "qué es qué" de tu nuevo entorno. Comienza por identificar a los líderes formales e informales. Los líderes formales serán obvios (gerentes, directores o líderes de equipo), pero los informales pueden requerir un poco más de esfuerzo para detectarlos. Estas son las personas a las que todo el mundo parece acudir en busca de consejo o las que influyen silenciosamente en las decisiones. Observar quién habla en las reuniones o a quién acuden los colegas en busca de orientación puede darte pistas.

A continuación, tómate el tiempo para conocer a los equipos clave y sus prioridades. ¿En qué se enfoca cada departamento y cómo contribuyen a los objetivos de la organización? Comprender estas piezas te ayuda a ver cómo encaja tu papel en el marco general. Por último, identifica las estructuras jerárquicas y a los responsables de la toma de decisiones. Saber quién toma las decisiones y cómo fluye la información puede ayudarte a navegar tus primeras semanas con confianza.

Construir relaciones tempranas

Las relaciones sólidas son la columna vertebral de cualquier carrera exitosa. En tu primer día, y más allá, concéntrate en conectarte con tus colegas inmediatos. Comienza con una simple introducción. "Hola, soy [tu nombre] y estoy emocionado de trabajar contigo" contribuye en gran medida a romper el hielo. Una vez que se intercambien las bromas iniciales, da un paso más y pregúntale sobre sus roles y desafíos. Preguntas como "¿Cómo es un día típico para ti?" o "¿Qué es lo que debería saber sobre cómo trabaja nuestro equipo?" muestran un interés genuino.

Mientras escuchas, busca oportunidades para ayudar. Tal vez un colega mencione un proyecto en el que está atascado o una tarea que ha estado postergando. Ofrecer una mano, incluso en formas pequeñas, puede establecerte rápidamente como un jugador de equipo. Y no olvides hacer un seguimiento de tus conversaciones. Recordar los detalles y registrarlo más tarde demuestra que te preocupas por construir conexiones reales, no sólo por marcar una casilla en el checklist.

Observar la dinámica del equipo
Uno de los movimientos más inteligentes que puedes hacer en tu primer día es ser un observador agudo. Presta atención a cómo se comunican las personas. ¿Las reuniones son formales y estructuradas, o hay un ambiente más informal? ¿La gente prefiere el correo electrónico, la mensajería instantánea o las conversaciones cara a cara? Hacer coincidir tu estilo de comunicación con las normas del equipo puede hacer que las interacciones sean más fluidas y ayudarte a adaptarte más rápidamente.

Toma nota de los valores culturales en acción. Todas las empresas tienen valores fundamentales, pero la forma en que se muestran en el día a día puede variar. ¿Se prioriza la colaboración sobre la competencia? ¿La gente valora la innovación o es más importante la consistencia? Comprender estas reglas no escritas te ayudará a navegar por tu nuevo entorno de forma eficaz.

Por último, observa cómo interactúan los miembros del equipo entre sí. ¿Quiénes trabajan bien juntos? ¿Hay ciertas personas que parecen evitar colaborar? Estas dinámicas pueden brindarte información valiosa sobre las relaciones interpersonales que impulsan el éxito del equipo y cómo puedes contribuir.

Herramienta de Mapear la Organización

Comenzar un nuevo trabajo puede sentirse como entrar en un mundo completamente nuevo, ¿verdad? ¡Pero no te preocupes! Este práctico gráfico es tu mapa del tesoro para descifrar los secretos de tu nueva empresa.

MAPA DE LA ORGANIZACIÓN		EMPRESA	DISEÑADO POR	FECHA	
ESTRATEGIA	OBJETIVOS	LÍNEAS ESTRATÉGICAS	ESTRUCTURA		PROCESOS
	KPI (INDICADORES)		ACTORES CLAVE		
	HISTORIA DE LA EMPRESA		MISIÓN, VISIÓN Y VALORES		

- **Estrategia – El gran plan de juego:** Piense en esto como el "por qué" de la empresa. ¿Cuál es su objetivo final? ¿Dominación mundial? (Está bien... tal vez sólo dominación del mercado). Comprender la estrategia te ayuda a ver el panorama general y hacia dónde se dirige la empresa.

- **Objetivos – Los hitos:** Estos son los puntos de control en el viaje. ¿Qué quiere conseguir la empresa este trimestre o este año? Conocerlos te da una idea clara de lo que es más importante y cómo puedes ayudar a que suceda.
- **Líneas Estratégicas – Los Caminos:** ¿Cómo planea la empresa aplastar esos objetivos? ¿Están enfocados en lanzar nuevos productos, reducir costos o construir relaciones más sólidas con los clientes? Estos son los "cómo" detrás de la estrategia.
- **Estructura – El Quién es Quién de la Genialidad:** ¿Quién dirige el espectáculo? ¿Cómo se organizan los equipos? Saber esto te ayuda a determinar a quién chocar los cinco (o enviar un correo electrónico) cuando necesites algo. Comprender la estructura te convierte en un profesional de las redes en poco tiempo.
- **Procesos – El manual de "Cómo funcionan las cosas":** Cada empresa tiene su forma única de hacer las cosas. ¡Aprende las cuerdas! Ya sea que se trate de aprobaciones, informes o reuniones de equipo, comprender los procesos clave te salvará de "bloopers" innecesarios.
- **KPIs – El Tablero:** Estos son los números que todo el mundo persigue. Objetivos de ventas, satisfacción del cliente, plazos de entrega: los KPI muestran cómo se mide el éxito. Apréndelos desde el principio, para que sepas lo que significa "ganar" para tu equipo.
- **Actores Clave – Los VIPs:** Son las personas que se preocupan por lo que hace la empresa. Clientes, inversores,

proveedores, compañeros de equipo, lo que sea. Averigüe quiénes son los jugadores clave para que pueda mantenerlos felices.
- **Historia de la Empresa – La historia y las historias:** Cada empresa tiene una historia de origen y sus leyendas urbanas. Conocerlas te ayuda a entender su cultura, sus valores y por qué las cosas son como son. Además, ¡es una gran trivia para charlas informales con compañeros de trabajo!
- **Misión, Visión y Valores – El Corazón y el Alma:** ¿Por qué existe la empresa? ¿Cuál es su sueño para el futuro? ¿Y qué principios la guían? Esta es la personalidad de la empresa y la razón por la que la gente está orgullosa de trabajar allí (¡incluyéndote a ti!).

Entonces, toma este gráfico, saca a tu detective interior y comienza a armar el rompecabezas. No sólo aprenderás las cuerdas más rápido, sino que también impresionarás a tu equipo con lo rápido que "lo entiendes". ¡Hagamos que tu primer día sea divertido, productivo y un poco menos misterioso!

Táctica 2: Diseñar tu Misión

Alinearse con el propósito de la organización

Para tener un impacto real, debes conectar tu rol con la misión organizacional. Empieza por profundizar en los objetivos de la empresa. ¿En qué está trabajando la organización y cómo ayuda tu equipo a lograr esa misión? Dedica algún tiempo a leer los materiales de la empresa, como los documentos de estrategia o las últimas actualizaciones de la dirección. Cuanto más entiendas el "por qué" de los esfuerzos de la organización, más fácil será ver cómo encaja tu rol.

Una vez que tengas este contexto, concéntrate en alinear tu rol con las prioridades de tu equipo. Habla con tu líder sobre los objetivos inmediatos y los proyectos en curso. ¿Hay tareas o resultados específicos por los que se esfuerza su equipo? Saber esto te ayudará a priorizar tus esfuerzos. A partir de ahí, encuentra formas pequeñas y significativas de contribuir desde el principio. Por ejemplo, puedes hacerte cargo de una tarea sencilla u ofrecerte a ayudar a un colega con su carga de trabajo. Estas primeras contribuciones no tienen por qué ser innovadoras, pero demuestran que eres proactivo y estás preparado para añadir valor.

Establecer metas a corto y largo plazo

El establecimiento de objetivos te ayuda a mantenerte en el camino y a sentirte realizado a medida que te adaptas a tu nuevo rol. Empieza por establecer algunos objetivos a corto plazo para el primer día y la primera semana. Estos pueden incluir aprender los nombres de tus compañeros de equipo, comprender las herramientas y procesos básicos que utilizarás o identificar las prioridades clave para tu función. Estas pequeñas victorias generan confianza y te ayudan a sentirte con los pies en la tierra.

Usa un tiempo para pensar más allá de tu primera semana, establece metas a mediano plazo para tu primer mes. Por ejemplo, puedes tratar de dominar una tarea específica, contribuir a un proyecto en curso o desarrollar una buena relación de trabajo con tu jefe. Estos hitos te dan dirección y te mantienen enfocado en hacer un progreso constante.

Por último, piensa en tus aspiraciones a largo plazo. ¿Dónde quieres estar en seis meses o en un año? Tal vez sea tomar la iniciativa en un proyecto importante, construir una red sólida dentro de la organización o posicionarte para un ascenso. Tener estos objetivos a largo plazo en mente te ayuda a ver un panorama más amplio y a mantenerte motivado. Esto puede parecer demasiado para un primer día, pero te ayudará a poner tu mente, tu corazón y tus ojos en el lugar correcto.

Usar la claridad como un superpoder
La comunicación clara es una de las habilidades más valiosas que puedes aportar a un nuevo puesto. Empieza por comunicar claramente tus intenciones. Hazle saber a tu jefe y a tus compañeros de equipo en qué te estás enfocando y por qué. Por ejemplo, si estás priorizando el aprendizaje de un proceso o herramienta específica, compártelo. Esta transparencia ayuda a los demás a entender tu enfoque y genera confianza.

La claridad también es esencial cuando se trata de expectativas. Siéntate con tu jefe desde el principio para hablar sobre cómo se ve el éxito en tu rol. Haz preguntas como: "¿En qué debería enfocarme en las primeras semanas?" o "¿Cómo se medirá mi éxito?". Estas conversaciones te ayudan a alinear tus esfuerzos con las prioridades de tu jefe y a evitar conjeturas equivocadas.

Por último, mantén tus prioridades manejables. Es fácil querer decir que sí a cada oportunidad o solicitud, especialmente al principio. Pero asumir demasiado puede diluir tu impacto y provocar un estrés innecesario. En su lugar, concéntrate en algunas áreas clave en las que puedas marcar la mayor diferencia. Al ser intencional sobre lo que asumes, podrás ofrecer resultados de alta calidad y establecer una reputación de excelencia.

Herramienta de Diseñar tu Misión

La tabla de resumen de la misión laboral que te presentamos a continuación, es una herramienta sencilla que te ayuda a aclarar tu función y alinearla con la misión de la empresa.

Elemento	Descripción
Declaración de Misión de mi Puesto	Resume el propósito principal y las responsabilidades clave de tu puesto en una o dos oraciones.
Objetivos del Rol	Enumera los principales objetivos que se espera lograr en tu rol. Mantén los objetivos claros y accionables.
Indicadores Clave de Desempeño (KPIs)	Define métricas medibles que indiquen el éxito en tu rol (por ejemplo, metas de ventas, plazos de proyectos).
Líneas Estratégicas	Identifica las estrategias o iniciativas específicas que alineen tu rol con los objetivos generales de la empresa.
Notas Adicionales	Incluye cualquier otra información relevante o contexto para aclarar la misión de tu puesto (por ejemplo, desafíos u oportunidades).

Para completarla, comienza con lo básico: resume la declaración de misión de tu puesto describiendo tus principales responsabilidades y propósito en una o dos oraciones. A continuación, haz una lista de los objetivos de tu rol, centrándote en los objetivos clave que se espera que alcances. Para los indicadores clave de rendimiento (KPI), incluye métricas medibles que definan el éxito en tu función, como los objetivos de ventas o los plazos de los proyectos. Por último, identifica tus Líneas Estratégicas, es decir, estrategias o iniciativas específicas que conectan tus tareas con los objetivos estratégicos de la empresa.

Completar esta tabla en tu primer día te ayuda a concentrarte en lo que más importa en tu rol. Aclara tus responsabilidades, te da un sentido de dirección y destaca cómo tu trabajo contribuye a la misión y visión de la empresa. Además, te prepara para las primeras conversaciones con tu jefe o equipo al demostrar que eres proactivo y estás ansioso por alinearte con sus prioridades. Este sencillo ejercicio marca la pauta del éxito y te ayuda a integrarte rápidamente en tu nuevo entorno.

Táctica 3: Dominar el Tiempo

Conocer la herramienta de Calendario

Tu calendario es más que una herramienta: es tu asistente personal que nunca se toma un descanso para tomar un café. Ya sea que la empresa use Outlook, Google Calendar o algo completamente diferente, esta es la clave para mantenerte organizado y un paso adelante. Comienza explorando sus características. Obtén información sobre cómo configurar recordatorios, crear eventos recurrentes y compartir tu disponibilidad con otras personas. Si tu calendario tiene una opción de codificación por colores, ¡úsala! Asigna un color para las reuniones, otro para el trabajo concentrado y otro para las tareas personales. Este pequeño truco transforma un calendario caótico en una hoja de ruta fácil de navegar.

Piensa en tu calendario como tu centro de comando. Compruébalo todas las mañanas para ver qué hay en puerta. ¿Estás preparado para las reuniones que tienes? ¿Tienes suficiente tiempo bloqueado para concentrarte en tareas importantes? Termina cada día con una revisión rápida para asegurarte de que estás listo para el día siguiente. Con un calendario bien gestionado, te sentirás más en control y seguro de tu día.

Priorizar las actividades de alto valor

Hablemos de tu lista de tareas diarias. No todas las tareas son iguales y tu éxito depende de saber cuáles merecen tu energía. Las actividades de alto valor son las que mueven la aguja, las tareas que tienen un impacto real en tu equipo y muestran tu capacidad para obtener resultados. Pregúntate: "¿Qué puedo hacer hoy que creará el mayor valor?" Tal vez sea terminar una actividad de inducción que establece la base para tu función o contribuir a un proyecto que sea crucial para tu equipo.

Minimizar las distracciones es tan importante como elegir las tareas correctas. Silencia esas molestas notificaciones, cierra pestañas innecesarias y avisa a tus compañeros cuando necesites tiempo ininterrumpido. Si mantener la concentración se siente como un desafío, intenta bloquear el tiempo. Dedica periodos específicos al trabajo profundo, a las tareas rápidas e incluso a los descansos. Cuando priorizas de manera efectiva, no sólo estás ocupado, sino que eres productivo e impactante, que es exactamente lo que tu equipo necesita ver.

Administrar la energía

No eres una máquina, ¡y eso es algo bueno! Tus niveles de energía subirán y bajarán a lo largo del día, y entender cómo gestionarlos es tu arma secreta. Comienza por programar descansos cortos. Piensa en ellos como mini-recargas que te mantienen alerta y comprometido. Ya sea para estirarte, tomar un café o dar un paseo rápido, estas pequeñas pausas son inversiones en tu productividad.

Mantener el ritmo es igual de importante. Es tentador abordar todo a la vez, especialmente en un nuevo rol, pero esa es una vía rápida para el agotamiento. Divide tu día en partes manejables y celebra pequeñas victorias en el camino. Alrededor del mediodía, tómate un momento para reflexionar. Pregúntate: "¿Qué está funcionando? ¿Qué es lo que me está agotando?" Un chequeo rápido puede ayudarte a ajustar tu enfoque y terminar fuerte.

Revisar la agenda

Tu agenda es tu plan de juego y un poco de planificación es muy útil. Cada mañana, dedica cinco minutos a repasar lo que se avecina. Mira tus reuniones y pregúntate: "¿Cuál es mi papel aquí? ¿Estoy liderando, contribuyendo u observando?" Conocer tu rol te ayuda a mostrarte preparado y seguro.

Al final del día, reflexiona sobre lo que lograste. ¿Alcanzaste tus metas? ¿Hay tareas que deben transferirse al día siguiente? Ajusta tus prioridades según sea necesario. Esta revisión diaria te mantiene flexible, enfocado y siempre listo para lo que viene. Recuerda, tu agenda no es sólo una lista de tareas, es tu hoja de ruta hacia el éxito.

Herramienta de Dominar el Tiempo

Asegúrate de programar reuniones introductorias con colegas clave, como tu jefe, miembros del equipo y cualquier compañero multifuncional con el que trabajes. Estas reuniones no son sólo para presentaciones, son una oportunidad para comprender las expectativas, las prioridades y cómo tu función encaja en el mapa general. Sé proactivo en la configuración de éstas, incluso si son charlas cortas de 15 minutos. Muestra iniciativa y te ayuda a construir relaciones de inmediato.

A continuación, reserva tiempo para revisar los materiales de inducción y los recursos de la empresa que te proporcionaron. Esto podría incluir manuales de empleados, herramientas o sistemas internos que deberás aprender. Programa tiempo para esto durante tus horas más tranquilas para absorber la información sin interrupciones.

Además, establece recordatorios para eventos importantes, como reuniones semanales 1:1 con tu jefe, reuniones de equipo o sesiones de capacitación.

Por último, no olvides añadir tiempo para la organización personal y la reflexión al final del día para recapitular lo que has aprendido y priorizar tus tareas del día siguiente. ¡Comenzar con un calendario bien planificado te prepara para el éxito!

Usa esta lista de verificación para asegurarte de tener lo más importante en tu calendario:

> **✅ Lista de Verificación del Calendario para el Primer Día**
>
> **Programar Reuniones Introductorias**
> ☐ Configura reuniones cortas con tu jefe, compañeros de equipo y colaboradores clave.
> ☐ Confirma horarios para discutir expectativas y prioridades.
>
> **Reservar Tiempo para Materiales de Inducción**
> ☐ Bloquea horarios tranquilos para revisar manuales, herramientas y recursos internos.
>
> **Agregar Reuniones de Seguimiento Regular**
> ☐ Programa reuniones semanales 1:1 con tu jefe y reuniones de equipo.
> ☐ Incluye cualquier sesión de capacitación o evento de inducción.
>
> **Planificar Tiempo para Organización Personal**
> ☐ Aparta tiempo al final del día para recapitular, reflexionar y priorizar tareas.

Táctica 4: Realizar Rondines (Entrar en la Pista de Baile)

¿Alguna vez has oído hablar de Rondines?

Empecemos por lo básico: hacer rondines no es sólo algo que hacen los médicos en los hospitales, es una forma sencilla y poderosa de construir relaciones, obtener información y tener un impacto positivo dondequiera que trabaje. Piense en ello como dar un paseo amigable por su lugar de trabajo con un propósito. No sólo estás caminando, estás creando conexiones, entendiendo lo que hace que tu equipo funcione y demostrando que te importa. Es una herramienta para convertir los momentos cordinarios en interacciones significativas. ¿Listo para sumergirte en la magia de los rondines?

Explorar el territorio

En primer lugar: ¡muévete! Los rondines comienzan con estar físicamente presente en el lugar donde trabaja tu equipo, cafetería, área de descanso, etc. No te escondas en tu oficina, tu escritorio o detrás de tu pantalla. Sal al ruedo (o al ruedo virtual si trabajas en remoto) y preséntate a los miembros del equipo. Mantente casual y amigable. Un simple "Hola, soy... ¿Cómo va todo hoy?" puede abrir la puerta a conversaciones significativas. El objetivo es demostrar que eres accesible y que estás realmente interesado en tu equipo.

Muestra interés genuino en tu trabajo. Ve más allá de las charlas superficiales y haz preguntas más profundas como: "¿En qué estás trabajando?" o "¿Qué es lo que te enorgullece esta semana?". No se trata de curiosear, se trata de demostrar que te importa. Recuerda, esta es la regla de oro: escucha más de lo que hablas. La escucha activa hace que las personas se sientan valoradas y respetadas. Toma notas mentales (o anótalas discretamente) para que puedas hacer un seguimiento más tarde, esto demuestra que estabas prestando atención.

Conectar

El corazón de los rondines es la conexión. La gente no sólo quiere ser vista, quieren ser apreciados. Mientras conversan, busquen puntos en común. Tal vez a ambos les guste el café, compartan el interés por un deporte o disfruten de un libro o programa de televisión en particular. Estas conexiones pequeñas pero significativas pueden romper el hielo y hacer que tus interacciones sean más personales y memorables.

No olvides reconocer sus esfuerzos. El reconocimiento no

tiene por qué ser grandioso. Un simple "He escuchado cosas geniales sobre cómo manejaste [tarea o desafío específico]" o "Tu trabajo en [proyecto] está marcando una diferencia real" puede ser de gran ayuda para construir buena vibra. Los cumplidos genuinos crean una atmósfera positiva y generan confianza. Estos momentos demuestran que estás prestando atención y que valoras sus contribuciones.

Las primeras impresiones positivas no tienen precio. Establecen la pauta de cómo tu equipo te percibirá e interactuará contigo en el futuro. Al mostrarte con sinceridad, calidez y curiosidad, dejarás una impresión que hará que las personas se entusiasmen por colaborar contigo.

Recopilar información

Los rondines no se tratan sólo de conexión, también son una forma fantástica de aprender lo que realmente está sucediendo en el campo de batalla. Estas interacciones son tu oportunidad para recopilar información valiosa sobre el equipo y su dinámica. Haz preguntas abiertas como: "¿A qué desafíos te enfrentas?" o "¿Qué ha hecho realmente bien el equipo últimamente?". La clave aquí es dejar que compartan sus experiencias sin saltar a soluciones o conclusiones de inmediato. A veces, el simple hecho de ser escuchado puede cambiar la dinámica del juego.

A medida que recopiles información, busca patrones. ¿Varias personas mencionan el mismo obstáculo? ¿Escuchas temas recurrentes sobre lo que está funcionando bien? Estos patrones pueden ayudarte a identificar dónde sobresale el equipo y dónde les vendría bien un poco de apoyo adicional. Además, comprender estos detalles te posiciona como alguien que está listo para ayudar, no solo para aprender.

Por último, busca oportunidades para contribuir. Tal vez alguien comparta una frustración con un proceso que puedes mejorar o un desafío que puedes ayudar a resolver. Incluso las acciones pequeñas, como hacer un seguimiento de una sugerencia o proporcionar un recurso, demuestran que estás comprometido a marcar la diferencia.

¿Por qué funcionan los rondines?
Los rondines no son sólo algo agradable, son un cambio de juego para generar confianza y comprensión. Al caminar por las instalaciones (o por Zoom), conectarse a nivel personal y recopilar información significativa, está sentando las bases para relaciones sólidas y una cultura de comunicación abierta. Los rondines te ayudan a ir más allá de las interacciones superficiales para comprometerte realmente con tu equipo.

No se trata de ser perfecto o de tener todas las respuestas, se trata de presentarse, estar presente y demostrar que eres una persona que escucha y aprende. Es un recordatorio de que tu colaboración no se trata sólo de lo que haces, se trata de cómo haces sentir a la gente.

Por lo tanto, amarra tus zapatos para caminar (literales o figurativos) y comienza a dar rondines. Los pasos son simples, el enfoque es natural, pero ¿el impacto? Eso puede ser extraordinario. Sal y empieza a construir conexiones que importen un paso a la vez.

Herramienta para Realizar Rondines

La lista de verificación para rondines de alto impacto es una herramienta sencilla para mantener la concentración y la eficacia durante tus rondas.

✅ Lista de Verificación para Rondines de Alto Impacto

- ☐ **Establece un Propósito Claro:** Ten claro qué quieres conocer y por qué.
- ☐ **Conecta con las Personas:** Saluda, escucha y genera vínculos.
- ☐ **Observa y Evalúa:** Identifica éxitos y áreas de mejora.
- ☐ **Reconoce el Buen Trabajo:** Valora los esfuerzos y logros.

Comienza por establecer un propósito claro antes de comenzar. Esto significa identificar lo que quieres lograr, ya sea verificar el progreso, construir relaciones o identificar desafíos. Un objetivo claro garantiza que tus rondas sean intencionadas y productivas, lo que te ayuda a aprovechar al máximo tu tiempo y tus interacciones.

Durante la ronda, concéntrate en interactuar con las personas y observar el entorno. Saluda calurosamente a los miembros del equipo, haz preguntas abiertas y escucha activamente sus comentarios. Esto genera confianza y fomenta la comunicación abierta.

A medida que interactúas, presta mucha atención a los éxitos y las oportunidades de mejora. Por último, no pierdas la oportunidad de reconocer el buen trabajo. Reconocer los esfuerzos o logros eleva la moral y motiva al equipo, dejando una impresión positiva y fortaleciendo los vínculos humanos y profesionales.

Táctica 5: Reportar a tu Líder

Programar un Check-in inicial
 Programar una reunión inicial con tu líder es como presentarse con un nuevo vecino: deseas causar una buena impresión, demostrar que te importa y averiguar cómo puedes ayudar. Esto no es sólo una formalidad; es tu oportunidad de decir: "Oye, estoy aquí, estoy listo y quiero saber cómo ayudar". Comunícate temprano con algo simple como: "Me encantaría programar una reunión rápida para alinearme con las expectativas y compartir mis primeras impresiones". ¡Pum! ¡Puntos extra por mostrar alta iniciativa!

Durante la reunión, confirma las expectativas para tu función. Haz preguntas como: "¿Cómo describirías el éxito en mis primeros 30, 60 y 90 días?" o "¿Cuáles son los principales proyectos o prioridades en los que debería enfocarme?". Esto evita que te adentres accidentalmente en Tierra de Nadie, en cuanto a productividad.

A continuación, espolvorea algunas observaciones del Día 1. Tal vez hayas notado cómo colabora el equipo o hayas detectado un proceso al que le vendría bien un poco de amor. Que sea constructivo y breve. Por último, establece las prioridades y los próximos pasos para que salgas de esa reunión con un plan de juego (y, con suerte, unos cuantos aplausos).

Demostrar lo que vales

Tus primeras interacciones con tu líder son tu oportunidad de brillar, pero no es necesario representar escenas al nivel de Broadway. Empieza poco a poco. Resalta cualquier ganancia temprana o cosas interesantes que hayas notado. Por ejemplo, "Me di cuenta de que podíamos modificar [proceso] y ahorrar tiempo en [tarea]" es un alarde humilde que dice: "Estoy prestando atención y ya estoy marcando la diferencia".

Pide retroalimentación como un profesional. "¿Hay algo que pueda abordar de manera diferente o en lo que pueda enfocarme más?" no es sólo una pregunta humilde, es música para los oídos de tu jefe. A los líderes les encantan los miembros del equipo que están ansiosos por mejorar y abiertos a la retroalimentación.

Motiva a tu jefe reafirmando tu compromiso con el equipo. Escribe algo como "Estoy muy emocionado de profundizar en [proyecto específico] y ayudar a impulsar [objetivo]". Es el equivalente profesional de decir: "Estoy totalmente involucrado", que es exactamente lo que quieren lograr. Recuerda, no estás allí para calentar una silla, estás allí para romperla (¡no la silla!).

Generar confianza

La confianza no se construye en un día, pero definitivamente puedes establecer algunas bases sólidas desde el principio. Empieza por mostrar humildad y hambre de conocimiento. ¿No sabes algo? ¡Dilo! "Me encantaría aprender más sobre [proceso]" o "¿Podrías compartirme tu perspectiva sobre [prioridad]?" demuestra que valoras su experiencia y estás listo para crecer.

Haz del seguimiento tu superpoder. Si un líder te pide que

explores algo, regresa con actualizaciones. Un rápido "Aquí es donde estoy con [tarea] y esto es lo que estoy planeando a continuación" demuestra que eres confiable y proactivo. Bono: les evita tener que perseguirte, lo que apreciarán más de lo que crees.

Por último, ve al grano. Los líderes están más ocupados que las abejas en un festival de flores, así que respeta su tiempo. Al actualizarlos, apégate a los aspectos críticos. Algo como: "Este es el estado actual, los próximos pasos y cómo planeo proceder" es perfecto. Es como la versión principal de las noticias de tu jornada laboral: corta, precisa y efectiva.

¿Por qué es importante informar a la dirección?
Reportar a la dirección no se trata de reuniones interminables o de sonar como un robot corporativo. Se trata de construir una relación en la que sepan que eres confiable, proactivo y listo para contribuir. Cuando te reportas regularmente, destacas tu valor y sigues generando confianza, estás preparando el escenario para una relación de trabajo que es tan sólida como el granito.

Aborda cada interacción con curiosidad, respeto y una mentalidad de resolución de problemas. Cuanto mejor sea tu relación con tu líder, más oportunidades tendrás de aprender, crecer y triunfar en tu rol. Y oye, ¿quién no quiere ser la primera persona a la lista de promocionables?

Herramienta de Reportar al Líder
Tu informe del primer día no tiene que ser largo ni complejo, sólo debe mostrar que estuviste atento, proactivo y listo para contribuir. A continuación, te explicamos cómo estructurarlo

de forma clara y profesional:

1. Comienza con una introducción cálida: Inicia con un tono amigable y profesional.
Ejemplo:
Asunto: Informe del primer día – [Tu nombre]

¡Hola, [Nombre del jefe]!

Quería compartir un breve resumen de mi primer día. ¡Fue emocionante comenzar y sumergirme en la comprensión de mi papel y de la empresa!

2. Divide el informe en secciones claras: Organiza la información en las siguientes categorías:

a. <u>Actividades o reuniones clave:</u> Enumera brevemente lo que hiciste durante el día (por ejemplo, sesiones de inducción, presentaciones del equipo, tareas iniciales).
Ejemplo:

- *Asistí a Orientación de inducción con RRHH.*
- *Conocí al equipo y aprendí sobre sus roles.*
- *Revise la documentación interna sobre [proceso específico].*

b. <u>Aprendizajes o ideas clave:</u> Comparte lo que aprendiste sobre la empresa, tu función o los proyectos en curso.
Ejemplo:

- *Obtuve información sobre las prioridades estratégicas de la*

empresa, incluido [breve ejemplo].
- *Aprendí sobre herramientas internas como [nombre del software].*

c. Preguntas o áreas de seguimiento: Resalta cualquier pregunta o área en la que necesitas aclaración. Esto demuestra que estás comprometido y ansioso por aprender.
Ejemplo:

- *Me gustaría saber más sobre el cronograma de [proyecto/tarea].*
- *¿Hay algún recurso o persona específica con la que debería priorizar conectarme esta semana?*

3. Termina con un cierre positivo: Cierra con una nota positiva y proactiva.
Ejemplo:
Estoy emocionado de seguir aprendiendo y contribuyendo al equipo. Por favor, avísame si hay algo específico en lo que te gustaría que me centrara mañana. ¡Gracias por tu apoyo y orientación!

4. Hazlo conciso y pulido: Entre a 3 y 5 viñetas por sección, utiliza un lenguaje profesional, pero hazlo accesible y corrige si hay errores ortográficos o de formato.

Con esta estructura, tu jefe verá que eres organizado, reflexivo y listo para aportar. ¡Tienes todo bajo control!

Aprendizajes Claves

- **Mapea la Organización:** identifica a los líderes formales e informales, conoce las prioridades del equipo y comprende los flujos de trabajo y los procesos clave para navegar de manera efectiva. Construir relaciones tempranas y observar la dinámica te ayuda a encajar y contribuir de manera significativa.
- **Diseña tu Misión:** Alinea tu rol con los objetivos de la empresa. Establece objetivos a corto, mediano y largo plazo mientras mantienes una comunicación clara con tu jefe sobre las expectativas y las métricas de éxito.
- **Domina el Tiempo:** Usa herramientas como el calendario para mantenerte organizado. Prioriza las actividades de alto impacto, administra tu energía con descansos y revisa tu agenda a diario para mantenerte productivo y concentrado.
- **Realiza Rondines:** Construye relaciones estando presente, conectando con los compañeros de equipo, recopilando información y reconociendo el buen trabajo. Esto fomenta la confianza y una cultura de comunicación abierta.
- **Reporta a tu Líder:** Programa revisiones para alinear las expectativas, compartir observaciones y demostrar tu valor. Sé conciso, proactivo y centrado para generar confianza y fortalecer la relación con tu líder.

3

EJECUTAR (PONER LAS TÁCTICAS A TRABAJAR)

"*Haz primero los trabajos duros. Los trabajos fáciles se encargarán de sí mismos. La ejecución consiste en priorizar lo que más importa y comprometerse a llevarlo a cabo*". — **Dale Carnegie**

Comenzando con Pequeñas Victorias

Ahora que comenzar un nuevo rol es emocionante, seamos realistas: también puede sentirse como tratar de hacer malabarismos con cinco antorchas encendidas mientras te balanceas en un monociclo. ¿La clave para evitar un desastre? Comienza con algo pequeño, concéntrate en victorias rápidas y construye a partir de ahí. Al poner en práctica las cinco tácticas (mapear la organización, diseñar tu misión, dominar el tiempo, implementar rondines y reportar a tu líder), prepararás el escenario para un gran éxito. A continuación, te explicamos cómo empezar con fuerza y generar impulso.

Identificar oportunidades de impacto rápido

El primer paso para ganar temprano es detectar la fruta madura. Estas son las tareas o desafíos en los que puedes marcar una diferencia notable rápidamente. Tal vez se trate de arreglar una simple ineficiencia que notaste durante tus observaciones iniciales, echar una mano en un proyecto menor o incluso arreglar un proceso pasado por alto que ha estado molestando al equipo. Las victorias rápidas no son llamativas, son prácticas, manejables e impactantes.

Para identificar estas oportunidades, utiliza la táctica de "Mapeo de la Organización". Haz un balance de quién es quién y qué es qué. ¿Hay cuellos de botella que causan frustración? ¿Un colega ha mencionado un problema recurrente durante sus chats de redondeo? Estas conversaciones y observaciones son tu mapa del tesoro para una acción significativa. Por ejemplo, si alguien está estresado por un plazo ajustado, pregúntale cómo puedes colaborar.

Incluso pequeños gestos, como revisar un informe u organizar los datos, pueden dejar una gran impresión y demostrar que estás aquí para hacer la vida más fácil a todos.

Concentrarse en las necesidades inmediatas del equipo

Tus primeros días no se tratan de revolucionar el lugar de trabajo, se trata de demostrar que estás aquí para ser un jugador de equipo. Empieza por preguntarte: ¿qué es lo que está causando más estrés al equipo en este momento? Si están presionando para cumplir con una fecha límite que se avecina, salta a ayudar donde sea que lo necesiten. Si el equipo está luchando con un proceso ineficiente, sugiere una solución simple que podría hacer que las cosas fluyan mejor. No se trata de grandes gestos; Se trata de ser útil en el momento.

"Diseñar tu Misión" y "Dominar el Tiempo" son fundamentales aquí. Utiliza tus primeras reuniones con tu lider para comprender las prioridades de tu rol y alinearlas con las necesidades más apremiantes del equipo. Una vez que hayas identificado las áreas clave en las que puedes ayudar, planifica tu tiempo sabiamente. Bloquea períodos para centrarte en los objetivos inmediatos del equipo y mantente flexible para adaptarte a medida que surjan nuevas prioridades. Al concentrarte en lo que es urgente, estás generando confianza y demostrando que está aquí para apoyar el éxito del equipo, no sólo para marcar casillas.

Celebrar y generar impulso

Una vez que hayas conseguido algunas victorias tempranas, no las descartes como si no fueran gran cosa. Tómate un momento para reconocer tu progreso y hazlo saber a los demás también. Comparte los aspectos más destacados durante sus controles de "Reporte a tu Líder". Por ejemplo, "Hemos simplificado [tarea] y ya está ahorrando tiempo al equipo" no sólo muestra tus contribuciones, sino que también refuerza una narrativa positiva de progreso.

Celebrar las victorias no se trata de autopromoción, se trata de crear un efecto dominó de positividad. Cuando compartes historias de éxito, levantas la moral y animas a otros a dar un paso adelante y colaborar. También es un poderoso motivador para ti. El éxito genera impulso, y cada victoria agrega leña al fuego, lo que hace que sea más fácil abordar los desafíos más grandes que se avecinan. Además, las celebraciones no tienen por qué ser elaboradas. Un simple saludo en una reunión o un rápido correo electrónico de agradecimiento puede ser de gran ayuda para crear camaradería y confianza.

¿Por qué son importantes las pequeñas victorias?

Empezar con pequeñas victorias es como poner los primeros ladrillos de un rascacielos. Cada victoria construye una base sólida para enfrentar desafíos más grandes en el futuro. Cuando te enfocas en oportunidades de impacto rápido, abordas las necesidades inmediatas y celebras el progreso, le estás demostrando a tu equipo y a tu líder que no estás aquí solo para observar, sino para hacer que las cosas sucedan.

Las pequeñas victorias también aumentan tu confianza. No hay nada como ver resultados tangibles de tus esfuerzos para reforzar que estás en el camino correcto. Y lo que es más importante, estos primeros éxitos te hacen ganarte la confianza y el respeto, alistando el camino para una mayor colaboración e integración. A medida que pongas en práctica las cinco tácticas, no sólo construirás impulso, sino también una reputación como alguien que cumple. Así que adelante, enfréntate a esa primera pequeña victoria y observa cómo desata una reacción en cadena de progreso y positividad.

Equilibrar la Acción y la Observación: Un comienzo Inteligente

En un nuevo rol, es tentador lanzarse al agua, abordar tareas a diestra y siniestra y causar un alboroto. Pero seamos realistas: a veces, lo más inteligente es pensar las cosas lo suficiente para evitar caer de cabeza en lo más bajo de la alberca. Equilibrar la acción con la observación reflexiva es la clave para hacer olas sin causar un tsunami. Al participar de manera proactiva mientras te tomas el tiempo para escuchar y aprender, te prepararás para el éxito a largo plazo. Exploremos cómo lograr ese equilibrio perfecto sin batallar.

Participar de manera proactiva, pero reflexiva
Saltar a la acción es genial, pero hay una delgada línea entre ser útil y convertirse en el triunfador de la oficina que accidentalmente se ofrece como voluntario para todo (¡Hola, Burn Out!). Cuando interactúes con tu equipo, aporta ideas cuando sea apropiado, pero no domines las conversaciones como si estuvieras presentando tu propio podcast. Este no es tu momento de brillar solo, es un esfuerzo de grupo. Ofrece tu perspectiva cuando realmente agregue valor y siempre deja espacio para que otros intervengan.

Hacer preguntas abiertas es como llevar botana a una reunión: es universalmente agradecido. Prueba "¿Cómo suelen abordar [tarea]?" o "¿Qué desafíos enfrentamos en este proyecto?" Estas preguntas no sólo te ayudan a aprender, sino que también hacen que tus compañeros de equipo se sientan escuchados y valorados. ¡Puntos extra por hacer preguntas de seguimiento!

Eso muestra que estás prestando atención.

Cuando compartas tu perspectiva, mantenla alineada con la dinámica existente. Decir algo como: "He visto que [la estrategia] funciona bien en el pasado; ¿Crees que podría ayudar aquí?", respeta la experiencia del equipo mientras introduce suavemente nuevas ideas. Parecerás proactivo y colaborador, no agresivo ni sabelotodo.

Escuchar y aprender la cultura

Cada lugar de trabajo tiene su propio ambiente, y entenderlo es como aprender las reglas de la casa en un juego de mesa, crucial si quieres ganar (o al menos lograr que no te echen). Tómate el tiempo para observar cómo se toman las decisiones y quién tiene la influencia no oficial. ¿Se trata de directivas de arriba hacia abajo, o la lluvia de ideas es la reina? Saber esto te ayuda a navegar con delicadeza.

Las reglas no escritas y las normas de equipo son la salsa secreta de la vida en la oficina. Tal vez todos evitan programar reuniones antes de las 10 a.m. porque el café aún no ha listo, o tal vez el correo electrónico es el método de comunicación oficial mientras que WhatsApp es para memes y emergencias. Prestar atención a estas peculiaridades demuestra que estás sintonizado.

Los estilos de comunicación pueden variar, como los ingredientes de la pizza: cada uno tiene su preferencia. Algunos equipos disfrutan las discusiones libres, mientras que otros las mantienen ordenadas y estructuradas. Combina tu estilo para mezclarte a la perfección, como el aderezo perfecto en la ensalada. Esto no significa perder tu individualidad, significa demostrar que te importa encajar con la dinámica del equipo.

Administrar tu energía y concentración

Equilibrar la acción y la observación requiere algo más que una buena actitud: se necesitan habilidades de gestión de la energía que impresionarían a cualquier gurú de la motivación. Empieza por priorizar las tareas y conversaciones que se alineen con tus objetivos del Día 1. ¿Qué es lo más importante en este momento? ¿Qué puedes hacer que realmente tenga un impacto? Canaliza tu enfoque interno como un láser y concéntrate.

La multitarea puede parecer la mejor opción, pero seamos realistas: por lo general, termina cuando escribes un correo electrónico mientras olvidas tu café en el microondas (nuevamente). En su lugar, aborda una tarea a la vez con toda tu atención. Si estás en una reunión, debes estar presente. Si estás trabajando en un proyecto, bloquea las distracciones. Esta es tu oportunidad de demostrar que la calidad supera a la cantidad en todo momento.

Y no olvides programar pequeños descansos para tu cerebro. Las pausas breves para reflexionar y ajustar tu enfoque pueden hacer maravillas. Tómate unos minutos para preguntarte: "¿Qué va bien? ¿Qué podría modificar?" Estos auto-check-ins te mantienen al día y listo para adaptarte según sea necesario. Piensa en ello como tu propia mini charla motivacional de medio tiempo.

¿Por qué es importante equilibrar la acción y la observación?

Lograr el equilibrio adecuado entre hacer y observar no es sólo una estrategia inteligente, es tu boleto a la grandeza profesional (o al menos a evitar errores incómodos). Al participar de manera reflexiva, aprender la cultura y administrar tu energía, evidenciarás que eres alguien que no sólo es capaz, sino también perceptivo y con quien es fácil trabajar. Este enfoque equilibrado genera confianza, gana respeto y te mantiene en el camino del éxito.

Recuerda, el éxito no se trata de hacer todo a la vez, se trata de hacer las cosas correctas en el momento adecuado. Por lo tanto, da un paso atrás cuando sea necesario, apóyate cuando sea necesario y deja que sus acciones reflexivas preparen el camino para un impacto significativo (¡y tal vez incluso unos cuantos aplausos!).

Adaptarse a medida que se Desarrolla el Primer Día: Poner en Práctica las Cinco Tácticas

El primer día rara vez es predecible. Es un torbellino de caras nuevas, sistemas desconocidos y sorpresas inesperadas. ¡Pero eso es lo que lo hace emocionante! El éxito en tu primer día no se trata de apegarte rígidamente a un plan, se trata de ser flexible, manejar los desafíos con confianza y aprender sobre la marcha. A continuación, te explicamos cómo adaptarte y poner en práctica las cinco tácticas (Mapear la Organización, Diseñar tu Misión, Dominar el Tiempo, Realizar Rondines y Reportar a tu Líder) a medida que avanza el día.

Mantenerte flexible y abierto al cambio

Seamos realistas: no importa cuánto trabajo de preparación hayas hecho, el primer día te deparará algunas sorpresas. Tal vez el horario de inducción cambie o te pidan que participes en una reunión que no esperabas. Aquí es donde entra en juego "Dominar el Tiempo". Usa tu calendario para ajustarlo sobre la marcha. Reprograma las tareas menos urgentes para dejar espacio para las prioridades inmediatas y mantén sus bloques de tiempo flexibles para cambios inesperados.

La flexibilidad también significa apoyarte en el "Mapeo de la Organización". Si los planes cambian, vuelve a evaluar con quién necesitas conectarte primero. Por ejemplo, si un nuevo miembro del equipo está disponible inesperadamente, aprovecha la oportunidad para aprender de él. Ajustar tu enfoque en función de la nueva información muestra tu capacidad para adaptarte y aprovechar al máximo las situaciones cambiantes.

Recuerda, la flexibilidad no significa abandonar tus objetivos; Significa encontrar nuevas formas de lograrlos. Si te mantienes abierto al cambio y priorizas de manera efectiva, navegarás por los giros y vueltas de tu primer día con facilidad.

Manejar los desafíos con confianza

Los desafíos del primer día son inevitables, pero también son oportunidades disfrazadas. Ya sea que se trate de una falta de comunicación sobre una tarea o un contratiempo tecnológico durante la inducción, aquí es donde brillan "Diseñar tu Misión" y "Realizar Rondines". Cuando te enfrentes a la incertidumbre, haz preguntas aclaratorias como: "¿Podrías explicarme el contexto de esta tarea?" o "¿Cuál es el resultado deseado aquí?". Estas preguntas no sólo te ayudan a entender, sino que también demuestran que eres proactivo para hacer las cosas bien.

Si te encuentras con un contratiempo, usa "Realizar Rondines" para conectarte con colegas que puedan tener la información o las soluciones que necesitas. Por ejemplo, una charla rápida con un miembro del equipo puede ayudarte a descubrir el contexto oculto o a encontrar una solución alternativa. Convertir los desafíos en oportunidades para la resolución de problemas demuestra resiliencia y una actitud positiva que tu equipo notará y apreciará.

Por último, mantén la calma y mantén un tono positivo. Responder con un "Resolvamos esto juntos" contribuye en gran medida a generar confianza y a demostrar que no te desanimas fácilmente.

Iterar y mejorar a lo largo del día

El primer día no es un plan escrito en piedra, es una oportunidad para aprender y adaptarse en tiempo real. A mitad del día, tómate un momento para reflexionar sobre cómo estás aplicando las cinco tácticas. ¿Te mantienes alineado con "Diseñar tu Misión" enfocándote en tus prioridades clave? ¿Está utilizando "Dominar el Tiempo" para asegurarse de que está equilibrando la acción y la observación de manera efectiva? Una autoevaluación rápida puede ayudarte a refinar tu enfoque para el resto del día.

Busca retroalimentación como parte de "Reportar a tu Líder".

Un "¿Cómo se ve todo hasta ahora?" o "¿Hay algo más en lo que debería concentrarme?" puede proporcionar información valiosa y demostrar que estás comprometido con la mejora. Incluso una breve retroalimentación puede ayudarte a ajustar tu estrategia y causar una impresión más fuerte.

Al final del día, reflexiona sobre las lecciones aprendidas. ¿"Mapear la Organización" te ayudó a identificar a los actores clave? ¿"Realizar Rondines" te dio información sobre la dinámica del equipo? Anota lo que funcionó, lo que no funcionó y cómo te adaptarás para el segundo día. Este hábito de iteración y reflexión no sólo es útil para el primer día, sino que es una estrategia para el crecimiento continuo a lo largo de tu carrera.

¿Por qué es importante adaptarse?

Recuerda: el primer día no se trata de perfección, se trata de progreso. Al aplicar las cinco tácticas (mantenerte flexible, enfrentar los desafíos con confianza e iterar a lo largo del día), le demostrará a tu equipo y a tu jefe que eres adaptable, ingenioso y estás listo para tener éxito. Ten en cuenta que la adaptabilidad no es sólo una habilidad, es tu superpoder para navegar por lo inesperado y convertir cualquier situación en una oportunidad. ¿Y la mejor parte? Cada ajuste que haces genera impulso para los días venideros.

Aprendizajes Claves

- **Comienza poco a poco con victorias rápidas:** concéntrate en tareas fáciles de lograr que generen un impacto inmediato, como resolver ineficiencias o ayudar con las necesidades urgentes del equipo. Estas pequeñas victorias generan confianza e impulso.

- **Equilibra la acción y la observación:** Participa reflexivamente haciendo preguntas, escuchando y alineándote con la dinámica del equipo. Evita comprometerse demasiado y tómate el tiempo para comprender la cultura y los estilos de comunicación.
- **Adáptate a lo inesperado:** Mantente flexible a medida que cambian las prioridades o los horarios. Utiliza los contratiempos como oportunidades para demostrar habilidades de resolución de problemas y resiliencia.
- **Itera y reflexiona:** Evalúa continuamente qué tan bien estás aplicando tácticas como el mapeo de la organización y el reportar a tu líder. Ajusta tu enfoque en función de los comentarios y las lecciones aprendidas a lo largo del día.
- **Celebra las victorias y genera impulso:** comparte los éxitos para motivar, fortalecer las conexiones y levantar la moral. Reconoce el progreso como base para enfrentar los desafíos más grandes que se avecinan.

4

EVALUAR LOS RESULTADOS

"*No se puede mejorar lo que no se mide. La reflexión y la evaluación no son el final del viaje, son el comienzo de nuevos caminos y oportunidades*". — **Peter Drucker**

Reflexionar sobre el Rendimiento del Día 1: Aprender y Crecer

El primer día de cualquier nuevo puesto es un evento clave, un torbellino de reuniones, tareas y primeras impresiones. Pero lo que realmente distingue a los profesionales exitosos es su capacidad para dar un paso atrás y reflexionar sobre lo que funcionó, lo que no funcionó y cómo mejorar en el futuro. En este capítulo, exploraremos cómo revisar tu desempeño, alinearlo con las cinco tácticas (Mapear la Organización, Diseñar tu Misión, Dominar el Tiempo, Realizar Rondines y Reportar a tu Líder) y prepararte para el segundo día con confianza y claridad.

Revisar tus objetivos y acciones

Comencemos con la gran pregunta: ¿alcanzaste tus objetivos del Día 1 o las cosas se fueron a la basura? Empieza por revisar los objetivos que te fijaste. Compara tus resultados con tus intenciones. ¿"Mapear la Organización" te ayudó a detectar a los MVP de tu equipo? ¿Pudiste "Diseñar tu Misión" al comprender lo que tu líder considera una victoria? Y no olvidemos "Dominar el Tiempo": ¿atacaste tu calendario como un ninja que bloquea el tiempo, o se sintió más como un juego de "pégale al topo"?

Celebra las victorias, grandes o pequeñas. Tal vez "Realizar Rondines" llevó a una conversación perspicaz con un colega, o "Reportar a tu Líder" te dio la oportunidad de compartir una victoria rápida. Choca los cinco mentalmente para esos momentos. A continuación, identifica los huecos. Tal vez una prioridad se vio ensombrecida por tareas inesperadas, o se topó con un nuevo sistema. No te avergüences, ¡así es como aprendes! Anota estas áreas para que puedas abordarlas de frente al día siguiente.

Revisar tus sentimientos

Sí, vamos para allá, hablemos de tus sentimientos. ¿Cómo te *sentiste* el primer día? ¿Hubo momentos de triunfo en los que te sentiste como la estrella de rock de la oficina? ¿O hubo momentos en los que te preguntaste si habías entrado accidentalmente en un avión en caída libre?

Las emociones son como migajas de pan en el bosque, te muestra el camino hacia lo que funciona y lo que no. Por ejemplo, si "Realizar Rondines" se sintió incómodo, como tratar de iniciar una conversación en un baile de la secundaria, considera modificar tu enfoque mañana. O tal vez "Dominar el Tiempo" te dejó sintiéndote agotado porque subestimaste cuánto tiempo tomarían las tareas. Presta atención a lo que te hizo sentir seguro frente a lo que te hizo sentir que preferirías estar escondido debajo de tu escritorio (en sentido figurado, por supuesto).

Utilizar un marco de evaluación sencillo

Es hora de romper con el marco de confianza de "Seguir haciendo, dejar de hacer, empezar a hacer, hacer de manera diferente". Es como traer a un organizador profesional a tu jornada laboral. Vamos a desempacarlo:

- **Seguir haciendo**: ¿Qué funcionó hoy? Tal vez "Mapear la Organización" te ayudó a identificar a una parte interesada clave, o "Reportar a tu Líder" lo hiciste sin problemas porque mantuviste tus actualizaciones cortas y efectivas. Aférrate a esas victorias y replícalas mañana.
- **Dejar de hacer**: ¿Qué no funcionó? Tal vez tratar de abordar todas las prioridades a la vez te dejó abrumado. O tal vez pasaste demasiado tiempo perfeccionando un correo electrónico en lugar de centrarte en tareas más impactantes. Identifica estas trampas y patéalas suavemente debajo de la cama.
- **Empezar a hacer**: ¿Qué podrías añadir a tu enfoque? ¿Olvidaste hacer preguntas aclaratorias durante una reunión? Mañana, haz que "Diseñar misión" sea una prioridad anotando preguntas específicas con anticipación.
- **Hacer de manera diferente**: ¿Dónde puedes ajustar tu estrategia? Tal vez "Realizar Rondines" necesite un poco de

delicadeza: en lugar de preguntas genéricas, intenta hacer algo como: "¿Qué es lo que deberías saber sobre el flujo de trabajo de nuestro equipo?" Pequeños ajustes pueden conducir a grandes resultados.

Piensa en este marco como tu entrenador personal de desempeño. Está aquí para hacerte mejor, no para empujarte al precipicio.

¿Por qué es importante la reflexión?
Reflexionar sobre el primer día no se trata de analizar en exceso cada momento incómodo (sí, incluso aquel en el que olvidaste el nombre de alguien cinco segundos después de que te lo dijera). Se trata de aprender y crecer. Al alinear tus reflexiones con las cinco tácticas, estás construyendo una hoja de ruta para la mejora continua.

Por lo tanto, respira hondo, ríete de los contratiempos y abraza las lecciones. El segundo día es una pizarra en blanco, y ya estás mejor preparado para triunfar. Y recuerda: incluso si el primer día se sintió como una montaña rusa, cada giro y vuelta es parte del viaje hacia el éxito.

Reconocer las Victorias Tempranas

Con tu primer día a tus espaldas, es hora de dar la vuelta olímpica de la victoria, sin importar qué tan pequeñas puedan parecer las victorias. Reconocer las victorias tempranas no se trata sólo de sentirse bien (aunque eso es parte de ello), se trata de identificar lo que funcionó, aprender de las experiencias y preparar el escenario para éxitos aún mayores. Al vincular tus reflexiones a las cinco tácticas (Mapear la Organización, Diseñar tu Misión, Dominar el Tiempo, Realizar Rondines y Reportar a tu Líder), puedes celebrar tu progreso mientras creas una guía para la mejora continua.

Identificar momentos de impacto positivo

Primero, démonos un merecido crédito. Resalta las contribuciones específicas que hiciste durante el día. ¿"Mapear la Organización" te ayudó a identificar y conectar con las partes interesadas clave? Por ejemplo, tal vez hayas averiguado quién es la persona de referencia para los procesos críticos o hayas descubierto cómo fluye la información a través del equipo. Estos son conocimientos invaluables que te hacen más efectivo desde el principio.

¿Utilizaste "Diseñar tu Misión" para alinearte con las expectativas y prioridades de tu jefe? Piensa si tus acciones de hoy reflejaron los objetivos que discutiste durante tu registro inicial. Si tomaste medidas para priorizar las tareas que se alinean con la misión de tu rol, ya estás progresando hacia el éxito a largo plazo.

Tal vez lograste "Dominar el Tiempo" al mantenerte al tanto de las tareas a pesar de las inevitables sorpresas del primer día. Ya sea que se trate de bloquear el tiempo para concentrarte en el trabajo o realizar un seguimiento de las reuniones sin perder el ritmo, estas victorias muestran tu capacidad para adaptarte y mantenerte organizado.

No olvides los cumplidos o afirmaciones que recibiste de tus compañeros de trabajo. Incluso un casual "Gracias por ayudar con eso" es una señal de que estás en el camino correcto. Recuerda momentos en los que "Realizar Rondines" te ayudó a iniciar conversaciones significativas o a descubrir información valiosa sobre el equipo. Por ejemplo, tal vez un compañero de equipo compartió un desafío al que se enfrenta y tú pudiste ofrecer una perspectiva o solución útil. Estas interacciones no sólo construyen relaciones, sino que también muestran tu capacidad para contribuir de manera significativa.

Y no pasemos por alto las tareas pequeñas pero significativas que completaste. Tachar elementos de tu lista de tareas pendientes, sin importar cuán pequeños sean, es una victoria que vale la pena celebrar. Cada tarea completada representa un paso adelante y una prueba de que ya estás agregando valor.

Documentar los aprendizajes clave

El primer día es una mina de oro de ideas, así que no dejes que se te escapen. Empieza por escribir lo que aprendiste sobre la cultura y las expectativas de la organización. Por ejemplo, ¿"Desplegar el redondeo" reveló reglas no escritas o dinámicas de equipo que no habías anticipado? Tal vez te hayas dado cuenta de que las decisiones a menudo ocurren de manera informal durante las conversaciones de pasillo o que ciertos compañeros de equipo prefieren las actualizaciones concisas por correo electrónico a las discusiones largas.

¿"Mapear la Organización" te ayudó a entender cómo se toman las decisiones y quién tiene influencia? Por ejemplo, tal vez hayas notado que la aportación de un colega en particular tiene un peso significativo en las reuniones, incluso si no está oficialmente a cargo. Estas observaciones son cruciales para navegar por su función de manera efectiva.

Obtén nuevos conocimientos sobre tu rol y la dinámica del equipo. Tal vez "Reportar a tu Líder" destacó las áreas en las que tu gerente espera que te enfoques, como la entrega de victorias rápidas o el apoyo a un proyecto en curso. O tal vez "Dominar el Tiempo" te enseñó qué tareas requieren más planificación y cuáles se pueden manejar sobre la marcha. Anota estas lecciones para que puedas refinar tu enfoque en el futuro.

Anota las estrategias o hábitos que funcionaron bien, ya sea programar bloques de tiempo enfocados, hacer preguntas abiertas o mantener las actualizaciones concisas. Saber qué hizo clic (y por qué) guiará tu enfoque en el futuro. Por ejemplo, si descubriste que preguntar: "¿Qué puedo hacer para apoyar al equipo en este momento?" abrió las puertas a la colaboración, haz que esa sea una pregunta de referencia en el futuro.

Aumentar la confianza con la reflexión

La reflexión no se trata sólo de evaluación, se trata de alimentar tu motivación para el segundo día. Enfócate en el progreso más que en la perfección. No es necesario que lo tengas todo resuelto, sólo tienes que construir sobre los cimientos que has puesto hoy. Reconoce que cada pequeña victoria, desde navegar por el diseño de la oficina hasta aportar una idea en una reunión, es un paso hacia el dominio de su nuevo rol.

Usa el refuerzo positivo para aumentar tu confianza. Recuerde que "Dominar el Tiempo" y "Realizar Rondines" son habilidades que se vuelven más fáciles con la práctica. Si recibiste cumplidos o afirmaciones durante "Reportar a tu Líder", vuelve a repasar esos momentos para recordar el valor que aportas al equipo. Por ejemplo, si tu jefe reconoció tu rapidez de pensamiento en una reunión, deja que eso alimente tu confianza a medida que enfrentas nuevos desafíos.

Reconoce que el éxito se basa en esfuerzos pequeños y constantes, no en grandes gestos. Cada interacción, tarea completada u observación reflexiva se suma a un buen comienzo. Al centrarte en lo que has hecho bien, llevarás ese impulso al segundo día con un claro sentido de propósito y positividad.

¿Por qué es importante reconocer las victorias tempranas?

Reconocer tus victorias tempranas no es sólo un ejercicio para sentirte bien, es uno estratégico. Al identificar los momentos de impacto, documentar los aprendizajes clave y aumentar tu confianza, estás marcando la pauta para el crecimiento continuo. Las cinco tácticas: Mapear la Organización, Diseñar tu Misión, Dominar el Tiempo, Realizar Rondines y Reportar a tu Líder, son tu brújula y te ayudan a navegar cada paso con propósito y positividad.

Así que tómate un momento para celebrar. Lograste pasar el primer día y ya estás construyendo una base para el éxito. Tanto si se trata de una conversación que dio lugar a una idea como de una tarea que aportó claridad a un proceso, cada victoria cuenta. Ahora, toma esas lecciones y victorias y úsalas para impulsar un segundo día aún más fuerte. ¡Vas con todo!

Planificar para el Día 2 y más allá: Construyendo sobre los Cimientos

El primer día se trató de navegar por lo desconocido, aprender las cuerdas y sentar las bases para el éxito. Ahora es el momento de convertir esas victorias y lecciones tempranas en un plan estratégico para el segundo día y más allá. Al centrarte en establecer prioridades, organizar acciones clave y mantener la adaptabilidad, puedes utilizar las cinco tácticas para refinar continuamente su enfoque y maximizar su impacto.

Establecer prioridades inmediatas para el día 2

Empieza por identificar qué es lo que más necesita tu atención. Piensa en el primer día e identifica las áreas que requieren seguimiento o exploración adicional. Por ejemplo, ¿"Mapear la organización" destacó a las partes interesadas con las que aún no ha tenido la oportunidad de conectarse? Haz que sea una prioridad llegar a ellos. Construir esas conexiones desde el principio fortalece su red y la comprensión del equipo. Puntos extra si aprendes el pedido de café favorito de alguien: ¡nunca se sabe cuándo esa información será útil!

Considera "Diseñar tu Misión" al establecer las prioridades del segundo día. ¿Hay tareas o proyectos en los que tu jefe hizo hincapié durante tu check-in inicial? Concéntrate en obtener ganancias rápidas que se alineen con esos objetivos. Al abordar estas prioridades de frente, demuestras que eres proactivo y estás alineado con los objetivos del equipo. Además, ¿a quién no le gusta empezar el día con una victoria?

Por último, usa "Dominar el Tiempo" para estructurar tu día de manera efectiva. Bloquea el tiempo para las tareas críticas y deja espacio para la flexibilidad. El segundo día aún tendrá sorpresas, pero estarás mejor equipado para manejarlas con un plan claro. Piensa en ello como tu Play List de productividad personal: una mezcla de sesiones de concentración y espacio para situaciones inesperadas.

Hacer una lista de acciones clave

La creación de una lista de acciones específicas te mantiene enfocado y encaminado. Por ejemplo, si "Realizar Rondines" reveló desafíos de equipo o áreas de colaboración, inclúyelos en tu plan. ¿Hay colegas con los que necesitas hacer un seguimiento? Añade a tu calendario una breve charla de café o un breve check-in. Estos puntos de contacto te ayudan a profundizar las relaciones y a recopilar información valiosa. Recuerda, no existe tal cosa como comunicarte en exceso cuando todavía estás explorando el territorio, solo evita convertir cada conversación en una charla TED.

Vincula tus acciones a "Reportar a tu Líder". Planifica cómo comunicarás el progreso de tus prioridades iniciales. Por ejemplo, si abordaste un proyecto pequeño o contribuiste a un esfuerzo de equipo el primer día, prepárate para compartir estas actualizaciones de manera breve con tu líder. Destacar las victorias tempranas refuerza tu compromiso e impacto. Consejo profesional: ¡sé breve, tu jefe te lo agradecerá!

Haz que tu lista sea accionable y realista. En lugar de tratar de resolver todos los desafíos que observaste el primer día, concéntrate en algunas acciones clave que marcarán la mayor diferencia. Esto te mantiene productivo sin sentirte abrumado. Piense en ello como comer una naranja: atácala gajo por gajo en lugar de tratar de tragarla de un bocado.

Mantener la flexibilidad y la adaptabilidad
Incluso los mejores planes necesitan espacio para ajustes. Espera que el segundo día lance una curva o dos, y prepárate para reaccionar según sea necesario. Usa "Dominar el Tiempo" para cambiar las prioridades si surge algo urgente. Por ejemplo, si un compañero de equipo necesita apoyo inmediato, puedes reorganizar las tareas menos críticas para echar una mano. La flexibilidad demuestra que eres un jugador de equipo y capaz de adaptarte a las circunstancias cambiantes. Bono: ser el solucionador de problemas te otorga credibilidad instantánea.

Aplica "Mapear la Organización" para refinar tu comprensión a medida que llega nueva información. Tal vez aprendas que un proceso funciona de manera diferente a lo que suponías o que una parte interesada tiene prioridades cambiantes. Ajusta tu enfoque para mantenerte alineado con las necesidades del equipo. Piensa en ello como actualizar tu GPS: cambia la ruta según sea necesario para evitar los atascos.

Por último, sigue aprovechando "Realizar Rondines" para recopilar información y ponerte en contacto con tus colegas. Haz preguntas abiertas como: "¿Cuál es la mejor manera de apoyar al equipo hoy?" Estas conversaciones no sólo te mantienen informado, sino que también refuerzan tu papel como miembro del equipo comprometido y adaptable. Y bueno, incluso podrían llevar a una invitación a taquear.

Por qué es importante planificar el día 2 y más allá
La planificación no se trata sólo de marcar casillas, se trata de prepararse para el éxito sostenible. Al establecer prioridades inmediatas, organizar acciones clave y mantenerte adaptable, estás construyendo sobre la base que estableciste el primer día. Las cinco tácticas (Mapea la Organización, Diseñar tu Misión, Dominar el Tiempo, Realizar Rondines y Reportar a tu Líder) no son sólo herramientas para empezar, son estrategias de mejora continua.

El segundo día es tu oportunidad de refinar, conectar y contribuir con aún más confianza. Si te mantienes centrado y flexible, mantendrás el impulso y prepararás el escenario para el éxito a largo plazo. Así que toma aire, prepara tu lista de tareas pendientes y lánzate a enfrentar el segundo día con propósito y positividad. ¡Lo tienes bajo control! Y recuerda: si todo falla, siempre hay café.

Aprendizajes Claves

- **Reflexiona sobre el rendimiento del día 1:** Revisa lo que funcionó y lo que no evaluando tus objetivos y acciones. Celebra las victorias, identifica las brechas y utiliza estos conocimientos para refinar tu enfoque para el segundo día.
- **Utiliza marcos de evaluación:** Aplica el marco "Seguir haciendo, dejar de hacer, empezar a hacer, hacer de manera diferente" para centrarte en estrategias efectivas, eliminar ineficiencias y ajustar tu enfoque para la mejora continua.
- **Reconoce las victorias tempranas:** Destaca las contribuciones significativas, sin importar lo pequeñas que sean.

Reconoce los comentarios positivos y aprovecha los éxitos para aumentar la confianza y el impulso.
- **Documenta los aprendizajes clave:** Anota tus ideas sobre el equipo, la cultura y tu función. Utilízalos para ajustar tus estrategias y profundizar tu comprensión de la organización.
- **Planifica para el día 2 y más allá:** establece prioridades inmediatas, organiza acciones clave y mantente flexible. Utiliza tus aprendizajes desde el primer día para construir relaciones, demostrar valor y abordar los retos con claridad y confianza.

5

CONCLUSIÓN: ¡SIGUE ADELANTE!

"*No importa lo lento que vayas, siempre y cuando no te detengas*". — **Confucio**

El viaje más allá del primer día

Comenzar un nuevo rol es estimulante, desafiante y está lleno de oportunidades para crecer. A medida que superas los días iniciales, el enfoque cambia de sólo orientarte a generar impulso, profundizar las relaciones y crear un impacto duradero. ¿El secreto del éxito continuo? Consistencia, conexión y crecimiento. Al continuar aplicando las cinco tácticas (Mapear la Organización, Diseñar su misión, Dominar el Tiempo, Realizar Rondines y Reportar a tu Líder), aseguras de mantenerte en el camino y prosperar.

Construir consistencia en los hábitos

Los hábitos son la base del éxito, y el primer día fue sólo el comienzo. La aplicación constante de "Mapear la Organización" te ayudará a seguir descubriendo nuevos conocimientos sobre cómo funcionan tu equipo y tu empresa. Acostúmbrate a revisar tu mapa con regularidad. ¿Hay nuevos actores que conocer, procesos que aprender o dinámicas cambiantes que tener en cuenta? Mantener la curiosidad y el compromiso garantiza que te mantengas informado. Por ejemplo, sigue preguntándote: "¿Con quién más debería conectarme?" o "¿Qué cambios recientes podrían afectar mi rol?". Este enfoque proactivo lo mantiene a la vanguardia.

"Diseñar tu Misión" no es una actividad de una sola vez; Es un proceso continuo. A medida que los objetivos evolucionan, también debería hacerlo tu comprensión de tu función. Las reuniones periódicas con tu jefe y tu equipo te ayudarán a mantener tus esfuerzos alineados con la estrategia de la organización. Por ejemplo, programar actualizaciones quincenales con tu líder puede garantizar que siempre estés sincronizado y puedas cambiar cuando sea necesario.

Y no nos olvidemos de "Dominar el Tiempo". Un calendario bien planificado no es sólo para la inducción, es tu arma secreta para mantenerte organizado y productivo. Sigue perfeccionando tus habilidades de gestión del tiempo, ya sea a través de una mejor priorización, el bloqueo del tiempo o aprendiendo cuándo decir que no. Por ejemplo, revisa tus bloques de tiempo semanalmente para evaluar lo que funcionó y lo que necesita ajustes. La consistencia en estos hábitos crea una sensación de control y concentración que se acumula con el tiempo, haciendo que cada día sea más efectivo que el anterior.

Fortalecer las relaciones

Los mejores líderes y profesionales entienden que las relaciones lo son todo. "Realizar Rondines" no se trata sólo del primer día, se trata de mantenerse conectado con su equipo, aprender de ellos y generar confianza. Tómate el tiempo para comunicarte con tus colegas con regularidad. Ya sea una charla rápida en el pasillo o una pausa para el café virtual, estos momentos importan, fomentan la colaboración, la camaradería y el respeto mutuo. Por ejemplo, hacer preguntas como: "¿Qué puedo hacer para apoyarte esta semana?" demuestra que estás comprometido con el éxito del equipo.

"Reportar a tu Líder" también se vuelve más impactante a medida que fortaleces estas relaciones. Mantén tus conversaciones transparentes, concisas y centradas en los resultados. Aprovecha estos momentos no sólo para compartir el progreso, sino también para buscar orientación y reforzar tu compromiso con los objetivos compartidos. Por ejemplo, termina tus reportes con una pregunta como: "¿Hay algo que debería abordar de manera diferente?" Las relaciones sólidas con el liderazgo no se tratan sólo de obtener resultados, sino de generar confianza y respeto mutuos que crean oportunidades de crecimiento y colaboración.

Enfocarse en el crecimiento continuo

El crecimiento no es un destino, es un viaje. Usa cada experiencia como una oportunidad para mejorar. Con "Mapear la Organización", busca formas de ampliar tu comprensión de otros departamentos o equipos. Por ejemplo, ofrécete como voluntario para asistir a las reuniones interdepartamentales para obtener una perspectiva más amplia. Con "Diseñar tu Misión", piensa en cómo puedes asumir tareas difíciles o desarrollar nuevas habilidades. Cada táctica ofrece un camino hacia el crecimiento personal y profesional.

La reflexión es tu mejor amiga en este proceso. Tómate el tiempo para evaluar lo que está funcionando y dónde puedes mejorar. Utiliza "Dominar el Tiempo" para crear momentos de aprendizaje, ya sea a través de la lectura, la capacitación o la mentoría. Reserva 15 minutos al final de cada semana para preguntarte: "¿Qué aprendí y cómo puedo aplicarlo?" Los retos y contratiempos no son fracasos, son peldaños que te empujan a adaptarte y sobresalir. Por ejemplo, si un proyecto no salió según lo planeado, utilízalo como un estudio de caso para refinar tu enfoque.

Como dijo una vez Oprah Winfrey: *"Hacer lo mejor en este momento, te pone en el mejor lugar para el próximo momento".* Ten en cuenta esa sabiduría mientras navegas por los altibajos de tu nuevo rol. Cada pequeño esfuerzo, cada lección aprendida y cada conexión hecha construye el camino hacia algo más grande.

Una reflexión final
Empezar fuerte es importante, pero lo que realmente define tu éxito es lo que viene después. Sigue adelante, incluso cuando el camino se sienta incierto, incluso cuando surjan retos, incluso cuando el progreso parezca lento. La consistencia genera impulso.

Recuerda, este viaje no se trata sólo de sobresalir en su nuevo rol, se trata de convertirte en la persona y el profesional que aspiras a ser. Aprovecha cada momento, confía en tus habilidades y apóyate en las cinco tácticas para guiarte. Las repito con insistencia para que te las grabes muy bien y las recuerdes en cada momento de tu primer día o cualquier otro día en el que quieras brillar: Mapear la Organización, Diseñar su misión, Dominar el Tiempo, Realizar Rondines y Reportar a tu Líder. Lo mejor está por venir y estás más que preparado para ello. Ya has empezado. Ahora sigue adelante y haz que cada día cuente.

Comparte

Antes de cerrar tu libro, tómate un momento para pensar en otra persona que podría estar en la línea de salida de un nuevo rol o está a punto de embarcarse en un nuevo capítulo en su carrera. Comparte este libro con ellos. Hazles saber que no están solos en la aventura de los desafíos y las oportunidades de un nuevo trabajo. Al transmitir estos conocimientos, no sólo los estás ayudando a tener éxito, sino que también estás fomentando una cultura de apoyo, crecimiento y empoderamiento, y marcarás su vida.

Si este libro te ha inspirado o ayudado de alguna manera, te agradecería mucho que te tomes un momento para dejar una reseña en Amazon. Tus comentarios no sólo significan mucho para mí, sino que también ayudan a otros a descubrir y beneficiarse de estas ideas.

El viaje de mil millas comienza con un solo paso y, a veces, con un poco de ayuda de alguien que ha estado allí. Sé esa ayuda para alguien más. Juntos, nos hacemos más fuertes.

Ben Arriola

6

RECURSOS

Ashforth, B. E., Sluss, D. M., & Saks, A. M. (2007). Tácticas de socialización, comportamiento proactivo y aprendizaje de recién llegados: Integración de modelos de socialización. Revista de Comportamiento Vocacional, 70(3), 447-462.

Bauer, T. N., & Erdogan, B. (2011). Socialización organizacional: La incorporación efectiva de nuevos empleados. Asociación Americana de Psicología.

Cooper-Thomas, H. D., & Anderson, N. (2006). Socialización organizacional: Un nuevo modelo teórico y recomendaciones para futuras investigaciones y prácticas de gestión de recursos humanos en las organizaciones. Revista de Psicología Gerencial, 21(5), 492-516.

Ellis, A. M., Nifadkar, S. S., Bauer, T. N., & Erdogan, B. (2017). Ajuste de los recién llegados: Examinando el papel de la percepción de los gerentes sobre el comportamiento proactivo de los recién llegados durante la socialización organizacional. Revista de Psicología Aplicada, 102(6), 993-1001.

Fisher, C. D. (2020). Incorporación de nuevos empleados: Maximizando el éxito. Sociedad para la Gestión de Recursos Humanos.

Heathfield, S. M. (25 de junio de 2021). Las 10 mejores formas de tener éxito en un nuevo trabajo. El equilibrio de las carreras. Obtenido de https://www.thebalancecareers.com/top-ways-to-succeed-in-a-new-job-2058577

Equipo Editorial Indeed. (2021, 22 de febrero). 10 consejos para adaptarse con éxito a un nuevo trabajo. Guía de empleo de Indeed. Obtenido de https://www.indeed.com/career-advice/starting-new-job/adjusting-to-new-job

Kammeyer-Mueller, J. D., Wanberg, C. R., Rubenstein, A. L., & Song, Z. (2013). Apoyo, debilitamiento y socialización de los recién llegados: Adaptación durante los primeros 90 días. Revista de la Academia de Administración, 56(4), 1104-1124.

Korte, R. F. (2009). Cómo los recién llegados aprenden las normas sociales de una organización: Un estudio de caso de la socialización de los ingenieros recién contratados. Human Resource Development Quarterly, 20(3), 285-306.

Equipo de contenido de Mind Tools. (s.f.). Comenzar un nuevo trabajo: cómo manejar los desafíos de un nuevo rol. Herramientas mentales. Obtenido de https://www.mindtools.com/pages/article/starting-new-job.htm

Escala de pago. (2020, 14 de enero). Los 5 mayores desafíos de comenzar un nuevo trabajo. Escala de pago. Obtenido de https://www.payscale.com/career-advice/the-5-biggest-challenges-of-starting-a-new-job

Saks, A. M., & Gruman, J. A. (2018). Teoría de los recursos de socialización y compromiso laboral de los recién llegados: Un nuevo camino para la socialización de los recién llegados. En C. Cooper y M. P. Leiter (Eds.), El compañero de Routledge para el bienestar en el trabajo (pp. 115-130). Routledge.

Wanberg, C. R. (Ed.). (2012). El manual de Oxford de socialización organizacional. Oxford University Press.

Watkins, M. (2013). Los primeros 90 días: Estrategias comprobadas para ponerse al día de forma más rápida e inteligente. Harvard Business Review Press.

www.ingramcontent.com/pod-product-compliance
Lightning Source LLC
Chambersburg PA
CBHW071108240526
45469CB00006BD/2385